EINFACH GUT

Heike Reith/Wolfgang Hubert

Kuchen schnell gemacht

FALKEN

Inhalt

Zu diesem Buch

Kuchen, Torten und Kleingebäck zählen zu den saisonunabhängigen Leckereien. Ob mit Cremes, Sahne oder Früchten gefüllt und verziert, sie sind bei Erwachsenen wie Kindern gleichermaßen beliebt. Daran hat sich in den letzten Jahrzehnten trotz der Fitneßwelle und wechselnden Ernährungsgewohnheiten wenig geändert. Höchstens, daß man sich heutzutage dank weltweiter Importe sowie der Gefriertechnik glücklicherweise auch in kühleren Jahreszeiten auf köstliche Obstkuchen freuen darf, die es zu Großmutters Zeiten nur während der heimischen Angebotszeit gegeben hat.
Was das Vergnügen am Kuchen-, Torten- und Gebäckgenuß aber gelegentlich schmälern kann, sind stundenlange Vorbereitungs, Back- oder Kühlzeiten. Doch wie Sie sich in diesem Buch überzeugen können, lassen sich auch in weniger als einer Stunde Gesamtzubereitungszeit feine und feinste Backwaren herstellen. Das ist nicht nur für kurzfristig angekündigte Gäste an Wochenenden oder bei überraschendem Heißhunger auf etwas Süßes ideal. Die in jedem Rezeptkopf angegebene Zubereitungszeit schließt die Vorbereitungszeit, die Backzeit sowie sämtliche Sonderzeiten wie zum Beispiel Zeit zum Gehen, Zeit zum Kühlen etc. mit ein. Die angebene Arbeitzeit bezieht sich nur auf den Zeitraum, in dem Sie etwas tun müssen.
Gelegentlich wird in den Rezepten nur ein halber fertiger Biskuitboden benötigt. Die andere Hälfte brauchen Sie aber natürlich nicht wegzuwerfen. Sie läßt sich problemlos einfrieren und bei nächster Gelegenheit verwenden. Gleiches gilt übrigens auch bei selbstgebackenen Biskuitböden. Die Backzeiten und Temperaturangaben beziehen sich auf einen Elektroherd mit Ober- und Unterhitze. Bei jedem Rezept ist dabei angegeben, auf welcher Einschubleiste die Kuchen, Torten und Kleingebäckstücke gebacken werden müssen. Die Mengenangaben für Eier beziehen sich grundsätzlich auf Eier der Gewichtsklasse 3. Wenn Sie höhere oder niedrigere Gewichtsklassen verwenden, ändert sich auch die Beschaffenheit des Teiges, er wird bei größeren Eiern lockerer, bei kleineren entsprechend fester.

Abkürzungen:

EL = Eßlöffel (gestrichen)
TL = Teelöffel (gestrichen)
Msp. = Messerspitze
Bd. = Bund
Btl. = Beutel
P. = Päckchen
TK-... = Tiefkühl-...
l = Liter
ml = Milliliter
kg = Kilogramm
g = Gramm
kcal = Kilokalorien
ca. = circa
Min. = Minute(n)
Std. = Stunde(n)
°C = Grad Celsius
Ø = Durchmesser

Die Kalorienangaben beziehen sich immer auf **1 Stück**.

OBSTKUCHEN

Früher galten Obstkuchen als Inbegriff der schönen Jahreszeit. Heute kann man ein bischen Sommergefühl auch dann in den eigenen vier Wänden genießen, wenn es draußen stürmt und schneit.

Pfirsich-Ananas-Kuchen

- Für etwa 20 Stück
- Zubereitungszeit: ca. 40 Min.
- Arbeitszeit: ca. 40 Min.
- ca. 180 kcal je Stück

Für den Teig:
4 Eiweiß, 175 g Zucker
4 Eigelb, 125 g Mehl
50 g Speisestärke
$^1/_2$ TL Backpulver

Für den Belag:
1 große Dose Pfirsichhälften
(ca. 830 g Abtropfgewicht)
1 große Dose Ananasstücke
(ca. 830 g Abtropfgewicht)
1 P. Ananas-Kokos-Creme
500 ml Milch
(Fertigprodukt)

Außerdem:
2 EL feiner Zucker
2 P. klarer Tortenguß

1. Den Backofen auf 220 °C vorheizen. Die Eiweiße zusammen mit 4 Eßlöffeln Wasser steifschlagen. Dabei den Zucker einrieseln lassen und weiterschlagen, bis die Masse glänzt. Die Eigelbe unterziehen. Mehl mit Speisestärke sowie Backpulver vermischen, dazusieben und unterheben. Die Masse auf ein mit Backpapier belegtes Blech streichen.

2. Im Backofen auf der mittleren Einschubleiste 10 bis 12 Minuten backen. Sofort auf ein angefeuchtetes Tuch stürzen, das Backpapier abziehen und den Boden abkühlen lassen. Dann vom Tuch wieder auf das Blech stürzen und das Tuch entfernen.

3. Pfirsichhälften und Ananasstücke jeweils abtropfen lassen, dabei den Ananassaft auffangen. Die Pfirsiche in Spalten schneiden. Die Ananas-Kokos-Creme zusammen mit der Milch nach Packungsanweisung anrühren. Die Creme auf dem Biskuitboden verstreichen. Die Früchte auf der Creme anordnen.

4. Den aufgefangenen Ananassaft mit Wasser auf 500 ml aufgießen. Den feinen Zucker gründlich unterrühren. Den Tortenguß nach Packungsanweisung zusammen mit dem Ananassaft zubereiten und sofort auf den Früchten verteilen. Den Kuchen kurz kühl stellen. Dann in Rechtecke schneiden.

Variation:
Anstelle der Pfirsiche können Sie (je nach Saison) auch frische Nektarinen verwenden.

Beerentorte

- Für etwa 14 Stück
- Zubereitungszeit: ca. 1/2 Std.
- Arbeitszeit: ca. 1/2 Std.
- ca. 240 kcal je Stück

Für Teig und Belag:
1/2 heller Tortenboden
(Fertigprodukt vom Bäcker)
3 cl Orangenlikör
1 P. Vanillepuddingpulver ohne Kochen
(für 500 ml Milch), 300 ml Milch
600 g aufgetaute, gemischte TK-Beeren

Für den Guß:
2 P. roter Tortenguß
300 ml Johannisbeersaft, 4 EL Zucker

Außerdem:
200 g Mandelblättchen

1. Den Tortenboden in eine Springform legen und den Tortenring verschließen. Den Boden mit 2 cl Orangenlikör tränken.

2. Das Puddingpulver in die Milch geben und das Ganze etwa 3 Minuten mit einem Schneebesen kräftig aufschlagen. Den restlichen Likör unterrühren. Den Pudding auf den Tortenboden streichen. Die Beeren einschichten.

3. Den Tortenguß nach Packungsanweisung zusammen mit Johannisbeersaft, etwa 200 ml Wasser und Zucker herstellen. Gleichmäßig über den Beeren verteilen. Dabei 2 Eßlöffel zurückbehalten und in einigen Minuten halbfest werden lassen.

4. Die Mandelblättchen in einer Pfanne trocken rösten. Den Tortenring lösen und die Torte rundherum mit dem restlichen Guß bestreichen. Die Mandelblättchen an den Tortenrand drücken.
(auf dem Foto oben)

Exotische Früchtetorte

- Für etwa 12 Stück
- Zubereitungszeit: ca. 1/2 Std.
- Arbeitszeit: ca. 1/2 Std.
- ca. 310 kcal je Stück

Für den Belag:
1 kleine Mango, 2 Bananen
1 Babyananas, 2 Kiwis
1 Obstkuchenboden
(Fertigprodukt vom Bäcker)
2 EL Aprikosenmarmelade
12 Kokospralinenkugeln

Für den Guß:
1 P. klarer Tortenguß
1 EL Zucker
250 ml Ananassaft

Außerdem:
300 g Sahne
2 EL gehackte Pistazien

1. Alle Früchte schälen. Das Mangofruchtfleisch vom Kern und dann in Spalten schneiden. Bananen und Kiwi in Scheiben, Ananas vom Strunk befreien und in kleine Stücke schneiden.

2. Den Tortenboden auf eine Kuchenplatte legen und mit der Aprikosenmarmelade dünn bestreichen. Die Pralinenkugeln mit einer Gabel zerdrücken und auf dem Kuchen verteilen. Die Früchte darüberschichten.

3. Den Tortenguß nach Packungsanweisung zusammen mit Zucker und Ananansaft herstellen. Auf dem Kuchen verteilen.

4. Die Sahne steifschlagen, in einen Spritzbeutel mit Sterntülle füllen und den Kuchenrand damit üppig garnieren. Die Pistazien auf die Sahne streuen.
(auf dem Foto unten)

FRUCHTIG-HERB

SAFTIG

Französische Orangentarte

- Für etwa 10 Stück
- Zubereitungszeit: ca. 50 Min.
- Arbeitszeit: ca. 1/2 Std.
- ca. 260 kcal je Stück

Für den Teig:
160 g Mehl
1/2 TL Backpulver
60 g Zucker
1 Ei
60 g kalte Butter in Stücken

Für den Belag:
3 Orangen
3 EL Orangenmarmelade
100 g Mandelblättchen

Außerdem:
Fett für die Form
3 EL Zucker

1. Den Backofen auf 190 °C vorheizen. Mehl und Backpulver auf einem Backbrett mit dem Zucker mischen. Das Ei mit einer Gabel untermengen, die Butter unterhacken und das Ganze mit beiden Händen schnell zu einem Teig zusammenkneten.

2. Den Teig in eine gefettete Springform (26 cm Ø) geben, flachdrücken und dabei den Rand etwas hochziehen. Mit einer Gabel mehrmals einstechen. Auf der mittleren Einschubleiste etwa 20 Minuten backen.

3. Inzwischen die Orangen schälen, dabei die weiße Haut gründlich entfernen. Das Fruchtfleisch in dünne Scheiben schneiden.

4. Den Mürbteigboden etwas abkühlen lassen. Anschließend mit Orangenmarmelade bestreichen, Mandelblättchen darüberstreuen und mit den Orangenscheiben dicht belegen. Die Orangentarte kurz vor dem Servieren mit Zucker bestreuen. Nach Belieben geschlagene Sahne dazu reichen.

Birnentarte

- Für etwa 10 Stück
- Zubereitungszeit: ca. 40 Min.
- Arbeitszeit: ca. 20 Min.
- ca. 280 kcal je Stück

Für den Teig:
300 g TK-Blätterteig

Für den Belag:
750 g reife Birnen
50 g Butter, 3 EL Zucker
3 EL Mandelblättchen
2 cl Birnenschnaps

Außerdem:
2 EL Hagelzucker

1. Den Backofen auf 200 °C vorheizen. Die Blätterteigplatten nebeneinander legen und auftauen lassen.

2. Inzwischen die Birnen schälen, halbieren, vom Kerngehäuse befreien und das Fruchtfleisch in Spalten schneiden.

3. Die Butter in einer feuerfesten Tarteform erhitzen, den Zucker hinzufügen und darin karamelisieren lassen. Zwei Drittel der Mandelblättchen hineinstreuen. Die Birnen darüber rosettenartig anordnen. Den Birnenschnaps über die Früchte träufeln.

4. Die Blätterteigscheiben aufeinanderlegen und in Größe der Tarteform ausrollen. Den Teig auf die Birnen legen, fest andrücken und mehrmals mit einer Gabel einstechen. Den Kuchen im Ofen auf der unteren Einschubleiste etwa $^1/_2$ Stunde backen.

5. Anschließend sofort auf eine Platte stürzen und mit Hagelzucker und den restlichen Mandelblättchen bestreuen.

Johannisbeer-Baiser-Kuchen

- Für etwa 12 Stück
- Zubereitungszeit: ca. 40 Min.
- Arbeitszeit: ca. 20 Min.
- ca. 130 kcal je Stück

Für Belag und Teig:
500 g rote Johannisbeeren
3 Eiweiß, 100 g Zucker
2 TL Zitronensaft
1/2 heller Biskuittortenboden
(Fertigprodukt vom Bäcker)

Außerdem:
1 EL Puderzucker zum Bestäuben

1. Den Backofen auf 200 °C vorheizen. Die Johannisbeeren waschen und gut abtropfen lassen. Die Beeren von den Rispen streifen.

2. Die Eiweiße steifschlagen. Dabei unter ständigem Rühren den Zucker einrieseln lassen. Weiterschlagen, bis die Masse glänzt. Anschließend den Zitronensaft unterziehen.

3. Den Tortenboden in eine Springform legen und den Tortenring verschließen. Die Johannisbeeren unter die Eischneemasse heben und das Ganze auf dem Tortenboden verteilen. Mit dem Puderzucker bestäuben.

4. Den Kuchen auf der mittleren Einschubleiste des Backofens 15 bis 20 Minuten backen. Herausnehmen und abkühlen lassen.
(auf dem Foto: oben)

Tip:
Wenn die Johannisbeeren sehr sauer sind, können Sie etwas mehr Zucker zu den Eiweißen geben.

Traubenkuchen

- Für etwa 10 Stück
- Zubereitungszeit: ca. 3/4 Std.
- Arbeitszeit: ca. 1/4 Std.
- ca. 340 kcal je Stück

Für den Teig:
100 g gut abgetropfter Magerquark
3 EL Mehl, 1 Eigelb, 4 EL Öl
50 g Zucker, 1 TL Vanillinzucker
1 Prise Salz, 200 g Mehl
1 TL Backpulver

Für den Belag:
100 g saure Sahne
100 g Crème fraîche, 3 EL Ahornsirup
3 Eigelb, 1 EL Speisestärke

Außerdem:
Mehl zum Ausrollen, Fett für die Form
600 g weiße und blaue Weintrauben
2 EL Pinienkerne
2 EL gehackte Walnüsse
2 EL Puderzucker

1. Den Backofen auf 200 °C vorheizen. Die Zutaten für den Teig gründlich verkneten, bis die Masse glatt ist. Auf einer bemehlten Arbeitsfläche in Springformgröße (26 cm Ø) ausrollen und in die gefettete Form drücken. Dabei einen 5 cm hohen Rand hochziehen.

2. Saure Sahne, Crème fraîche, Sirup, Eigelbe und Speisestärke verrühren. Belag auf dem Teig verstreichen. Das Ganze auf der mittleren Einschubleiste etwa 1/4 Stunde backen.

3. Inzwischen die Trauben waschen, abzupfen, halbieren und entkernen. Zusammen mit Pinienkernen und Walnüssen auf den Kuchen geben und diesen nochmals 20 Minuten backen. Herausnehmen, kurz abkühlen lassen und mit Puderzucker bestäuben.
(auf dem Foto: unten)

FRUCHTIG

Stachelbeer-Streusel-Kuchen

- Für etwa 10 Stück
- Zubereitungszeit: ca. 55 Min.
- Arbeitszeit: ca. 25 Min.
- ca. 370 kcal je Stück

Für den Belag:
750 g rote Stachelbeeren
325 g Mehl, 170 g Zucker
80 g kalte Butter in Stückchen
1 Msp Zimtpulver

Für den Teig:
80 g weiche Butter
1 Ei, 1 Prise Salz
1 Msp. abgeriebene Schale einer unbehandelten Zitrone
$1^1/_2$ TL Backpulver, 4 EL Milch

Außerdem:
Fett für die Form

1. Den Backofen auf 200 °C vorheizen. Die Stachelbeeren waschen, putzen und gut abtropfen lassen.

2. Für die Streusel 200 g Mehl, 80 g Zucker, Butter und Zimtpulver in eine Schüssel geben und locker vermengen. Dann zwischen den Händen reiben, bis Streusel entstehen.

3. Für den Teig die Butter schaumig rühren und nach und nach unter ständigem Rühren restlichen Zucker, Ei, Salz, Zitronenschale, restliches Mehl, Backpulver und Milch dazugeben.

4. Den Teig in eine gefettete Springform (26 cm Ø) geben und glattstreichen. Die Beeren darauf verteilen. Die Streusel darüberstreuen. Den Kuchen auf der mittleren Einschubleiste etwa $^1/_2$ Stunde backen. Dann herausnehmen, den Tortenring lösen und den Kuchen abkühlen lassen.
(auf dem Foto oben)

Erdbeer-Sahne-Kuchen

- Für etwa 10 Stück
- Zubereitungszeit: ca. 20 Min.
- Arbeitszeit: ca. 20 Min.
- ca. 230 kcal je Stück

500 g Erdbeeren
300 g Sahne
1 TL Vanillinzucker
ausgekratztes Mark von $^1/_2$ Vanilleschote
1 P. Sahnesteif
1 Obstkuchenboden (Fertigprodukt vom Bäcker)
50 g Schokoladenglasur

1. Die Erdbeeren waschen, trockentupfen und putzen. Große Früchte halbieren.

2. Die Sahne halbsteifschlagen, dann Vanillinzucker, Vanillemark und Sahnesteif dazugeben. Weiterschlagen, bis die Sahne sehr steif ist.

3. Die Sahne auf dem Kuchenboden verteilen und gleichmäßig glattstreichen. Die Erdbeeren mit der Schnittfläche nach unten in die Sahne setzen.

4. Die Schokoladenglasur im Wasserbacd schmelzen und in ein Pergamenttütchen füllen. Die Spitze knapp abschneiden und die Glasur gitterförmig auf die Erdbeeren spritzen. Den Kuchen bis zum Servieren kühl stellen.
(auf dem Foto unten)

Tip:
Garnieren Sie den Erdbeer-Sahne-Kuchen mit frischen Pfefferminzblättchen.

SAFTIG

FEIN

Aprikosenbiskuit

- Für etwa 12 Stück
- Zubereitungszeit: ca. 40 Min.
- Arbeitszeit: ca. 1/2 Std.
- ca. 340 kcal je Stück

Für den Belag:
2 große Dosen Aprikosenhälften (à ca. 830 g Abtropfgewicht)
1 P. Vanillepuddingpulver
2 EL Zucker, 1/2 l Milch
150 g weiche Butter
1 Eiweiß

Für den Teig:
4 Eiweiß
150 g Zucker
4 Eigelb, 80 g Mehl
80 g Speisestärke
1 TL Backpulver
3 EL gehackte Pistazien

1. Den Backofen auf 220 °C vorheizen. Die Aprikosenhälften abtropfen lassen. Puddingpulver mit Zucker und 4 Eßlöffeln Milch verrühren. Restliche Milch aufkochen und das angerührte Puddingpulver einrühren. Den Pudding nochmals aufkochen lassen, in eine Schüssel füllen und abkühlen lassen.

2. Inzwischen die Eiweiße zusammen mit 4 Eßlöffeln Wasser steifschlagen. Zucker unter ständigem Rühren einrieseln lassen. Eigelbe verquirlen und vorsichtig unter den Eischnee ziehen. Mehl, Speisestärke und Backpulver unter die Masse heben. Auf ein mit Backpapier belegtes Blech aufstreichen und auf der mittleren Einschubleiste etwa 1/4 Stunde backen. Danach sofort auf ein feuchtes Tuch stürzen und das Papier abziehen. Abkühlen lassen.

3. Die weiche Butter unter den abgekühlten Pudding rühren. Das Eiweiß steifschlagen und unter die Masse heben. Die Creme auf den Biskuitboden streichen. Die Aprikosenhälften darauf verteilen. Alles mit Pistazien bestreuen.

Apfelkuchen mit Rahmguß

- Für etwa 10 Stück
- Zubereitungszeit: ca. 55 Min.
- Arbeitszeit: ca. 25 Min.
- ca. 220 kcal je Stück

160 g Mehl
2 EL Butter
5 EL Milch
10 g frische Hefe (ca. 1/4 Würfel)
3 EL Zucker
1 Ei
750 g Äpfel
100 g Sahne
1/2 TL Vanillezucker
75 g gewaschene Sultaninen
50 g Mandelstifte
Fett für die Form

1. Den Backofen auf 50 °C vorheizen. 150 g Mehl in eine Schüssel sieben und eine Mulde eindrücken. Butter und Milch erwärmen, die Hefe darin auflösen und die Mischung in die Mulde gießen. 2 Eßlöffel Zucker hinzufügen und das Ganze zu einem glatten Hefeteig verkneten. Den Teig zugedeckt im Ofen 20 Minuten gehen lassen, dabei die Ofentüre halb geöffnet lassen.

2. Die Äpfel schälen, halbieren, vom Kerngehäuse befreien und in Spalten schneiden. Sahne, Vanillezucker, restlichen Zucker und restliches Mehl verrühren.

3. Ofen auf 190 °C vorheizen. Den Teig durchkneten und als Boden in eine gefettete Springform (26 cm Ø) drücken. Die Apfelspalten schuppenartig darauflegen. Sultaninen und Mandelstife darüberstreuen. Die Sahnemasse auf den Äpfeln verteilen. Den Kuchen etwa 20 Minuten auf der mittleren Einschubleiste backen und dann lauwarm servieren.

Pfirsich-Brombeer-Kuchen

- Für etwa 10 Stück
- Zubereitungszeit: ca. 20 Min.
- Arbeitszeit: ca. $^1/_4$ Std.
- ca. 220 kcal je Stück

Für Belag und Teig:
1 große Dose Pfirsichhälften
(ca. 830 g Abtropfgewicht)
300 g Brombeeren
1 Obstkuchenboden
(Fertigprodukt vom Bäcker)
3 EL Brombeermarmelade

Für den Guß:
1 P. klarer Tortenguß
2 EL Zucker

Außerdem:
200 g Sahne

1. Die Pfirsiche gut abtropfen lassen, dabei den Saft auffangen. Die Brombeeren verlesen, waschen und trockentupfen. Den Kuchenboden mit Brombeermarmelade bestreichen.

2. Die Pfirsiche in Spalten schneiden. Dann zusammen mit den Brombeeren auf den Kuchenboden legen.

3. Den Pfirsichsaft mit Wasser auf 250 ml auffüllen. Das Tortengußpulver mit dem Zucker in einem Topf vermischen. Den Pfirsichsaft einrühren. Das Ganze unter ständigem Rühren zum Kochen bringen. Den Guß auf dem Kuchen verteilen.

4. Die Sahne steifschlagen. In einen Spritzbeutel mit Sterntülle füllen und den Kuchenrand damit üppig garnieren.
(auf dem Foto: oben)

Rhabarberkuchen

- Für etwa 15 Stück
- Zubereitungszeit: ca. 55 Min.
- Arbeitszeit: ca. 25 Min.
- ca. 330 kcal je Stück

Für den Teig:
250 g weiche Butter, 100 g Zucker
1 Ei, 180 g Mehl
70 g gemahlene Haselnüsse
3 TL Backpulver
3 EL Milch

Für den Belag:
1,5 kg Rhabarber
3 Eiweiß, 150 g Zucker
75 g gehackte Mandeln

Außerdem:
Fett für das Blech

1. Den Backofen auf 190 °C vorheizen. Für den Teig die Butter schaumig rühren, dann den Zucker einrieseln lassen. Nacheinander unter ständigem Rühren Ei, Mehl, Haselnüsse, Backpulver und Milch dazugeben. Auf ein gefettetes Blech geben und glattstreichen.

2. Den Rhabarber waschen, putzen und abziehen. Dicke Stangen längs halbieren. Alle Stangen in etwa 3 cm große Stücke schneiden. Diese auf dem Teig verteilen. Das Ganze auf der mittleren Einschubleiste etwa 20 Minuten backen.

3. Inzwischen für den Belag die Eiweiße sehr steifschlagen. Dann unter ständigem Rühren den Zucker einrieseln lassen. Weiterrühren, bis der Zucker sich gelöst hat. Die Mandeln unterheben. Die Masse sofort auf dem Kuchen verteilen und diesen nochmals 8 bis 10 Minuten backen. Etwas abkühlen lassen, dann in Rechtecke schneiden.
(auf dem Foto: unten)

NUSSIG

EINFACHE KUCHEN

Wer annimmt, einfache Kuchen schmecken langweilig, der irrt gewaltig, wie Sie auf den nächsten Seiten leicht feststellen werden. Probieren Sie zum Beispiel einmal einen Schmand-Limonaden-Kuchen aus.

Wickelkuchen

- Für etwa 16 Stück
- Zubereitungszeit: ca. 1 Std.
- Arbeitszeit: ca. 25 Min.
- ca. 210 kcal je Stück

Für den Teig:
150 g Magerquark
6 EL Öl
1 Prise Salz
6 EL Milch
75 g Zucker
300 g Mehl
1 P. Backpulver

Für die Füllung:
125 g gemahlene Haselnüsse
4 EL saure Sahne
2 EL Zucker, 1 TL Rum

Außerdem:
Mehl zum Ausrollen
Fett für das Blech
1 Eigelb
1 EL Milch

1. Den Backofen auf 190 °C vorheizen. Für den Teig Quark, Öl, Salz, Milch und Zucker verrühren. Mehl mit Backpulver mischen und die Hälfte davon unter die Quarkmasse rühren. Den Rest mit den Händen unterkneten. Für die Füllung Haselnüsse, saure Sahne, Zucker und Rum verrühren.

2. Den Teig auf einer bemehlten Arbeitsfläche zu einem etwa 1 cm dicken Rechteck ausrollen. Die Füllung gleichmäßig darauf verstreichen. Den Teig von der Längsseite her aufrollen. Die Rolle der Länge nach bis auf etwa 4 cm an einem Ende durchschneiden, die beiden entstandenen Stränge miteinander zu einer Art Zopf verschlingen. Die Enden jeweils etwas zusammendrücken.

3. Den Kuchen auf ein gefettetes Blech legen. Das Eigelb mit der Milch verquirlen und den Kuchen mit der Mischung rundherum gleichmäßig bestreichen.

4. Das Blech auf der unteren Einschubleiste in den Ofen schieben und den Wickelkuchen etwa 35 Minuten backen. Dann auf dem Blech abkühlen lassen.

Variationen:
Nach Belieben können Sie den Wickelkuchen zusätzlich mit einem Guß aus 100 g Puderzucker und 2 Eßlöffeln Zitronensaft überziehen. Sie können die Haselnüsse auch durch gemahlene Walnüsse ersetzen.

Käsekuchen ohne Boden

- Für etwa 10 Stück
- Zubereitungszeit: ca. 1 Std.
- Arbeitszeit: ca. 10 Min.
- ca. 230 kcal je Stück

<u>Für die Käsemasse:</u>
500 g Magerquark
2 Eier
125 g Zucker
ausgekratztes Mark einer Vanilleschote
100 g saure Sahne
180 ml Milch
70 ml Öl
1 P. Vanillepuddingpulver

<u>Außerdem:</u>
Fett für die Form
2 EL Puderzucker

1. Den Backofen auf 190 °C vorheizen. Den Quark auf einem mit einem Tuch ausgelegten Sieb abtropfen lassen. In eine Schüssel geben und mit den Quirlhaken eines Handrührgeräts mit Eiern, Zucker und Vanillemark verrühren.

2. Dann saure Sahne, Milch, Öl und Puddingpulver unter ständigem Rühren dazugeben. Das Ganze nochmals gut verrühren.

3. Die Masse in eine gut schließende, gefettete Springform (24 cm Ø) füllen. Auf der unteren Einschubleiste etwa $^{3}/_{4}$ Stunden backen.

4. Den Kuchen in der Form einige Minuten abkühlen lassen. Dann auf ein Kuchengitter geben, den Tortenring entfernen und den Kuchen mit Puderzucker bestäuben.
(auf dem Foto oben)

Ananas-Kokos-Kuchen

- Für etwa 10 Stück
- Zubereitungszeit: ca. 55 Min.
- Arbeitszeit: ca. 20 Min.
- ca. 410 kcal je Stück

<u>Für den Teig:</u>
1 große Dose Ananasscheiben
(ca. 830 g Abtropfgewicht)
150 g Butter
150 g Zucker
3 Eier
150 g Mehl
1 TL Backpulver
3 EL Kokosraspel

<u>Außerdem:</u>
Fett für die Form
100 g Schokoladenglasur
2 EL Kokosraspel

1. Den Backofen auf 220 °C vorheizen. Ananasscheiben abtropfen lassen. Die Butter schaumig rühren. Den Zucker einrieseln lassen. Nach und nach Eier, Mehl, Backpulver und Kokosraspel unterrühren.

2. Den Teig in eine gefettete Springform (26 cm Ø) geben und glattstreichen. Die Ananasscheiben auf dem Teig verteilen. Den Kuchen auf der mittleren Einschubleiste etwa 25 Minuten backen. Anschließend aus der Form lösen und auf einem Kuchengitter $^{1}/_{4}$ Stunde abkühlen lassen.

3. Die Kuchenglasur im Wasserbad schmelzen und mit Hilfe eines Teelöffels in den Zwischenräumen (Mitte der Ananasringe und freie Kuchenoberfläche) auf dem abgekühlten Kuchen verteilen. Auf die noch feuchte Glasur die Kokosraspel streuen.
(auf dem Foto unten)

CREMIG

EXOTISCH

Orangenblechkuchen

- Für etwa 16 Stück
- Zubereitungszeit: ca. 50 Min.
- Arbeitszeit: ca. 1/4 Std.
- ca. 420 kcal je Stück

Für den Teig:
350 g weiche Butter
350 g Zucker
1 P. Vanillinzucker
6 Eier
2 Btl. Orangeback
350 g Mehl
4 TL Backpulver

Für den Guß:
200 g Puderzucker
4 EL Orangensaft

Außerdem:
Fett für das Blech

1. Den Backofen auf 190 °C vorheizen. Für den Teig die Butter schaumig rühren. Zucker und Vanillinzucker unter Rühren dazugeben und so lange rühren, bis sich der Zucker aufgelöst hat. Die Eier verquirlen und nach und nach zugeben. Orangeback, Mehl und Backpulver nacheinander unterrühren.

2. Den Teig auf einem gefetteten Blech gleichmäßig verstreichen. Auf der mittleren Einschubleiste etwa 20 Minuten backen. Danach 1/4 Stunde abkühlen lassen.

3. Für den Guß den Puderzucker durchsieben und dann mit dem Orangensaft glattrühren. Den abgekühlten Kuchen damit bestreichen. Den Guß hart werden lassen und dann den Kuchen in Rechtecke schneiden.

Tip:
Wenn Sie die Eier trennen und die Eiweiße zum Schluß als Eischnee unter den Teig ziehen, wird der Kuchen noch lockerer.

Sauerkirsch-Nuß-Schnitten

- Für etwa 16 Stück
- Zubereitungszeit: ca. 35 Min.
- Arbeitszeit: ca. 1/4 Std.
- ca. 230 kcal je Stück

Für den Teig:
1 Glas Sauerkirschen ohne Stein (ca. 830 g Abtropfgewicht)
7 Eiweiß
200 g Zucker
7 Eigelb
75 g gemahlene Haselnüsse
175 g Semmelbrösel
1 TL Zimtpulver
3 EL Kirschwasser

Außerdem:
Fett für das Backblech
250 g Sahne

1. Den Backofen auf 180 °C vorheizen. Die Sauerkirschen abtropfen lassen. Inzwischen die Eiweiße zusammen mit 4 Eßlöffeln Wasser zu steifem Schnee schlagen. Dabei den Zucker unter ständigem Rühren einrieseln lassen.

2. Die Eigelbe verquirlen und mit einem Schneebesen unterziehen. Haselnüsse, Semmelbrösel und Zimtpulver vermischen. Dann mit Kirschwasser tränken und unter die Ei-Zucker-Masse heben.

3. Ein Backblech einfetten. Den Teig darauf gleichmäßig verstreichen. Die Sauerkirschen darauf verteilen. Das Ganze in den Ofen geben und auf der mittleren Einschubleiste 12 bis 15 Minuten backen. Abkühlen lassen.

4. Die Sahne halbsteif schlagen. Den Kuchen in Rechtecke schneiden und jedes Rechteck zusammen mit etwas Sahne servieren.

Hummelkuchen

- Für etwa 16 Stück
- Zubereitungszeit: ca. $^3/_4$ Std.
- Arbeitszeit: ca. 20 Min.
- ca. 360 kcal je Stück

Für den Teig:
200 g Schmand (löffelfeste saure Sahne)
4 Eier
200 Zucker
500 g Mehl
1 P. Backpulver

Für den Belag:
70 g Butter
200 g Zucker
3 EL Sahne
120 g Mandelblättchen

Außerdem:
Fett für das Blech

1. Den Backofen auf 175 °C vorheizen. Schmand und Eier gut verrühren. Den Zucker unterrühren. Mehl mit dem Backpulver mischen, unter Rühren löffelweise dazugeben und den Teig kräftig durchrühren.

2. Den Teig auf ein gefettetes Backblech streichen und auf der mittleren Einschubleiste etwa 20 Minuten backen. Inzwischen für den Belag die Butter in einem Topf schmelzen lassen, Zucker und Sahne dazugeben, das Ganze verrühren und aufkochen lassen. Dann die Mandelblättchen zugeben.

3. Die Mandelmasse auf den vorgebackenen Teig streichen. Den Kuchen auf der mittleren Einschubleiste nochmals 10 bis 15 Minuten backen, bis der Belag Blasen wirft. Den Kuchen sofort in Stücke schneiden und diese dann vom Blech nehmen.
(auf dem Foto: oben)

Pfirsichkuchen

- Für etwa 10 Stück
- Zubereitungszeit: ca. 50 Min.
- Arbeitszeit: ca. $^1/_4$ Std.
- ca. 320 kcal je Stück

1 große Dose Pfirsichhälften
(ca. 830 g Abtropfgewicht)

Für den Teig:
125 g weiche Butter
125 g Zucker
2 Eier
250 g Mehl
1 TL Backpulver
50 ml Milch

Außerdem:
Fett für die Form
2 EL Semmelbrösel
3 EL Puderzucker

1. Den Backofen auf 200 °C vorheizen. Die Pfirsichhälften gut abtropfen lassen. Eine Springform (26 cm Ø) ausfetten und mit Semmelbröseln ausstreuen.

2. Für den Teig Butter und Zucker gut verrühren, die Eier nacheinander unter Rühren dazugeben. Mehl mit Backpulver vermischen und abwechselnd mit der Milch unterrühren.

3. Den Teig sofort in die Form füllen und glattstreichen. Die Pfirsiche mit der offenen Seite nach unten in den Teig drücken. Den Kuchen auf der mittleren Einschubleiste 35 bis 40 Minuten backen. Danach sofort aus der Form lösen, auf ein Kuchengitter geben und mit Puderzucker bestäuben.
(auf dem Foto: unten)

NUSSIG

FRUCHTIG

Schmand-Limonaden-Kuchen

- Für etwa 16 Stück
- Zubereitungszeit: ca. 50 Min.
- Arbeitszeit: ca. 20 Min.
- ca. 370 kcal je Stück

Für den Teig:
4 Eier, 250 g Zucker
2 P. Vanillinzucker
100 ml Orangenlimonade
100 ml Sonnenblumenöl
300 g Mehl, 1 P. Backpulver

Für den Belag:
600 g Sahne, 4 P. Sahnesteif
1 P. Vanillezucker
200 g Schmand (löffelfeste saure Sahne)
2 EL Zucker

Außerdem:
Fett für das Blech
Zucker und Zimtpulver zum Bestreuen

1. Den Backofen auf 200 °C vorheizen. Für den Teig Eier, Zucker und Vanillinzucker schaumig rühren. Unter ständigem Rühren Orangenlimonade und danach Sonnenblumenöl dazugießen. Mehl und Backpulver mischen und eßlöffelweise unterrühren.

2. Den Teig auf einem gefetteten Blech verstreichen und auf der mittleren Einschubleiste etwa 20 Minuten backen. Danach auf dem Blech abkühlen lassen.

3. Für den Belag Sahne zusammen mit Sahnesteif und Vanillezucker sehr steifschlagen. Schmand und Zucker unterziehen. Die Sahnemasse auf den abgekühlten Kuchen geben und glattstreichen. Zucker und Zimtpulver vermischen und darüberstreuen. Den Kuchen kühl servieren.
(auf dem Foto oben)

Hawaiianischer Bananenkuchen

- Für etwa 16 Stück
- Zubereitungszeit: ca. 1 Std.
- Arbeitszeit: ca. 15 Min.
- ca. 220 kcal je Stück

Für den Teig:
70 g Schweineschmalz
100 g Zucker, 2 Eier
375 g Mehl
3 TL Backpulver
500 g Bananen
60 g Mandelsplitter
50 g Rosinen
1 TL Zimtpulver

Außerdem:
etwas Fett für die Form

1. Den Backofen auf 200 °C vorheizen. Das Schmalz in einem Topf erwärmen, bis es flüssig ist. Vom Herd nehmen, Zucker dazugeben und das Ganze schaumig schlagen. Eier dazugeben und verrühren. Mehl und Backpulver vermischen und unterrühren, bis der Teig vollkommen glatt ist.

2. Die Bananen schälen und in dünne Scheiben schneiden. Zusammen mit Mandelsplittern, Rosinen und Zimtpulver unter den Teig heben.

3. Eine Kastenform (28 cm Länge) ausfetten. Den Teig hineingeben und glattstreichen. Auf der mittleren Einschubleiste etwa 3/4 Stunden backen.
(auf dem Foto unten)

Tip:
Wenn möglich, sollten Sie diesen Kuchen mit den kleinen, aromatisch schmeckenden Bananen zubereiten.

CREMIG

EXOTISCH

Mandel-Möhren-Kuchen

- Für etwa 12 Stück
- Zubereitungszeit: ca. 1 Std.
- Arbeitszeit: ca. 1/4 Std.
- ca. 280 kcal je Stück

Für den Teig:
300 g Möhren
4 Eier, 180 g Zucker
1 TL abgeriebene Schale einer unbehandelten Zitrone
2 TL Vanillinzucker
250 g gemahlene Mandeln
1 1/2 EL Mehl, 1/2 TL Backpulver

Außerdem:
Fett für die Form
50 g gehackte Pinienkerne
3 EL Puderzucker

1. Den Backofen auf 180 °C vorheizen. Die Möhren schälen und fein raspeln. Die Eier trennen. Die Eiweiße sehr steifschlagen.

2. Die Eigelbe zusammen mit Zucker und Zitronenschale schaumig rühren. Möhren, Mandeln, Mehl und Backpulver gut untermischen. Den Eischnee vorsichtig unterheben.

3. Eine Springform (26 cm Ø) mit etwas Fett ausstreichen. Die Teigmasse einfüllen und glattstreichen. Mit Pinienkernen bestreuen. Auf der zweiten Einschubleiste von unten etwa 3/4 Stunden backen. Den Kuchen nach etwa 1/2 Stunde Backzeit mit Alufolie abdecken.

4. Den Kuchen auf einem Kuchengitter etwas abkühlen lassen und dann mit Puderzucker bestäuben.
(auf dem Foto: oben)

Tip:
Dazu paßt steifgeschlagene Sahne, die mit etwas Mandellikör aromatisiert werden kann.

Erdnuß-Whisky-Kuchen

- Für etwa 10 Stück
- Zubereitungszeit: ca. 1 Std.
- Arbeitszeit: ca. 25 Min.
- ca. 410 kcal je Stück

Für den Teig:
125 g weiche Butter, 125 g Zucker
1 TL abgeriebene Schale einer unbehandelten Orange
2 Eier, 1 Eigelb, 250 g Mehl
3 TL Backpulver
6 EL Milch, 4 cl Whisky
100 g ungesalzene, gehackte Erdnüsse
1 Eiweiß

Für die Glasur:
50 g gehackte Erdnüsse
50 g Puderzucker
2 cl Whisky

Außerdem:
Fett für die Form

1. Den Backofen auf 200 °C vorheizen. Butter schaumig rühren, dann den Zucker einrieseln lassen. Nach und nach Orangenschale, Eier, Eigelb, Mehl, Backpulver, Milch, Whisky und Erdnüsse unterrühren. Das Eiweiß steifschlagen und unterheben.

2. Den Teig in eine gefettete Springform (24 cm Ø) füllen und glattstreichen. Auf der mittleren Einschubleiste etwa 1/2 Stunde backen. Dann aus der Form nehmen und auf einem Kuchengitter abkühlen lassen.

3. Die Erdnüsse in einer Pfanne trocken anrösten. Puderzucker mit Whisky glattrühren und den Kuchen damit bestreichen. Die Erdnüsse sofort darüberstreuen und etwas andrücken.
(auf dem Foto: unten)

NUSSIG

Butterkuchen

- Für etwa 16 Stück
- Zubereitungszeit: ca. 1 Std.
- Arbeitszeit: ca. 1/4 Std.
- ca. 250 kcal je Stück

Für den Teig:
375 g Mehl
3 EL Zucker
1 Ei, 1 Prise Salz
30 g frische Hefe (ca. 3/4 Würfel)
150 ml Milch
3 EL Butter

Für den Belag:
150 g weiche Butter in Flöckchen
100 g Zucker, 50 g Mandelblättchen

Außerdem:
Fett für das Blech
Mehl zum Ausrollen

1. Mehl, Zucker, Ei und Salz in eine Rührschüssel geben. Die Hefe hineinbröckeln. Milch und Butter leicht erwärmen. Die Mehlmischung mit den Knethaken eines Handrührgeräts verkneten, dabei langsam die Milch-Butter-Mischung dazugeben. Das Ganze zu einem glatten Teig verkneten. Zugedeckt an einem warmen Ort 20 Minuten gehen lassen.

2. Den Teig auf einer bemehlten Arbeitsfläche durchkneten. Auf Blechgröße ausrollen und auf ein gefettetes Blech legen. 10 Minuten an einem warmen Ort gehen lassen.

3. Inzwischen den Backofen auf 190 °C vorheizen. In den Teig alle 5 cm eine Vertiefung eindrücken. Die Butterflöckchen hineinlegen. Zucker und Mandelblättchen über die Butter streuen und den Kuchen auf der mittleren Einschubleiste etwa 20 Minuten backen.
(auf dem Foto: oben)

Nuß-Marzipan-Kuchen

- Für etwa 14 Stück
- Zubereitungszeit: ca. 1 Std.
- Arbeitszeit: ca. 20 Min.
- ca. 300 kcal je Stück

Für den Teig:
125 g Butter
150 g Zucker
3 Eier
120 g gemahlene Haselnüsse
200 g Mehl
3 TL Backpulver
4 EL Milch
100 g Marzipanrohmasse

Außerdem:
Fett und Semmelbrösel für die Form
4 EL Puderzucker

1. Den Backofen auf 190 °C vorheizen. Die Butter mit den Quirlhaken eines Handrührgeräts schaumig rühren. Den Zucker langsam dazugeben. Dann nacheinander Eier, Haselnüsse, Mehl, Backpulver und Milch gut unterrühren.

2. Das Marzipan in kleine Stücke schneiden und unter den Teig heben. Eine Kastenform (28 cm Länge) ausfetten und mit Semmelbröseln ausstreuen. Den Teig hineingeben und glattstreichen.

3. Den Kuchen auf der unteren Einschubleiste etwa 40 Minuten backen. Anschließend auf ein Küchengitter stürzen und mit Puderzucker bestäuben
(auf dem Foto: unten)

FEINE KUCHEN

Kaum zu glauben, aber wahr, was man innerhalb einer Stunde inklusive Backzeit alles zaubern kann: Cremeschnitten, Strudel, Biskuitrouladen oder eine Mousse-au-Chocolat-Torte. Damit können Sie jede Kaffeerunde begeistern.

Schokoladenpuddingkuchen

- Für etwa 12 Stück
- Zubereitungszeit: ca. 50 Min.
- Arbeitszeit: ca. 25 Min.
- ca. 320 kcal je Stück

Für den Teig:
100 g weiche Butter, 100 g Zucker
$^1/_2$ TL Vanillinzucker, 1 Ei
1 Eigelb, 1 EL Rum
420 ml Milch, 200 g Mehl
1 TL Backpulver

Für den Belag:
1 P. Schokoladenpuddingpulver ohne Kochen (für 500 ml Milch)
2 kleine Bananen
100 g Mandelblättchen

Außerdem:
Fett für die Form
geschlagene Sahne

1. Den Backofen auf 200 °C vorheizen. Die Butter schaumig rühren. Nacheinander Zucker, Vanillinzucker, Ei, Eigelb, Rum, 2 Eßlöffel Milch, Mehl und Backpulver unterrühren. Den Teig in eine gefettete Springform (24 cm Ø) füllen und glattstreichen. Auf der mittleren Einschubleiste etwa 20 Minuten backen. Anschließend aus der Form nehmen und abkühlen lassen.

2. Für den Belag die restliche Milch in eine hohe Rührschüssel geben. Das Puddingpulver hinzufügen und das Ganze mit den Quirlhaken eines Handrührgeräts 3 Minuten lang aufschlagen. Die Bananen schälen, der Länge nach halbieren, in feine Stücke schneiden und unter den Pudding heben.

3. Den Kuchenboden mit einem Tortenring versehen, den Pudding einfüllen und glattstreichen. Den Kuchen kurz kühl stellen.

4. Die Mandelblättchen in einer Pfanne trocken rösten. Kurz abkühlen lassen. Den Kuchen aus dem Kühlschrank nehmen, den Tortenring entfernen und die Mandelblättchen über den Kuchen streuen. Zusammen mit geschlagener Sahne servieren.

Tip:
Mandelblättchen oder Nüsse lassen sich ohne Fettzugabe am besten in einer beschichteten Pfanne anrösten.

Flockentorte

- Für etwa 14 Stück
- Zubereitungszeit: ca. 3/4 Std.
- Arbeitszeit: ca. 1/2 Std.
- ca. 250 kcal je Stück

Für den Teig:
1 Prise Salz, 4 EL Butter, 120 g Mehl
1 TL Backpulver, 3 Eier

Für die Füllung:
600 g Sahne, 2 P. Sahnesteif
1 P. Vanillinzucker
350 g rote Grütze (Fertigprodukt)

Außerdem:
Fett und Mehl für die Formen
3 EL Puderzucker

1. Backofen auf 200 °C vorheizen. 175 ml Wasser, Salz und Butter in einem Topf zum Kochen bringen. Vom Herd nehmen. Mehl und Backpulver auf einmal dazugeben. Topf wieder auf die Herdplatte stellen und den Teig unter ständigem Rühren zu einem Kloß abbrennen. In eine Schüssel füllen und die Eier einzeln unterrühren.

2. Den Teig auf zwei gefettete und mit Mehl bestäubte Springformen (26 cm Ø) aufteilen. Nacheinander auf der untersten Einschubleiste je 10 bis 12 Minuten backen (Ofen während der Backzeit nicht öffnen!). Dann abkühlen lassen.

3. Sahne zusammen mit Sahnesteif und Vanillinzucker steifschlagen. Einen Boden mit der Hälfte der Sahne bestreichen, die Grütze darauf verteilen. Die restliche Sahne daraufgeben und glattstreichen. Den zweiten Boden in kleine Stücke brechen und die Torte damit belegen. Mit Puderzucker bestäuben. Möglichst sofort verzehren.
(auf dem Foto oben)

Heidelbeer-Biskuit-Roulade

- Für etwa 10 Stück
- Zubereitungszeit: ca. 50 Min.
- Arbeitszeit: ca. 25 Min.
- ca. 320 kcal je Stück

Für den Teig:
5 Eiweiß
150 g Zucker
5 Eigelb
150 g Mehl
1 Msp. Backpulver

Für die Füllung:
400 g Sahne
2 P. Sahnesteif
1 P. Vanillinzucker
300 g aufgetaute TK-Heidelbeeren

Außerdem:
Zucker für das Tuch
3 EL Puderzucker

1. Backofen auf 220 ° C vorheizen. Eiweiße steifschlagen, dabei den Zucker einrieseln lassen. Weiterrühren, bis sich der Zucker gelöst hat. Eigelbe auf den Eischnee geben, Mehl und Backpulver darübersieben und das Ganze vorsichtig vermengen.

2. Auf einem mit Backpapier ausgelegtem Blech verstreichen und auf der mittleren Einschubleiste 10 bis 12 Minuten backen. Dann sofort auf ein feuchtes, mit Zucker bestreutes Tuch stürzen und das Papier abziehen. Biskuit mit Hilfe des Tuches aufrollen und abkühlen lassen.

3. Die Sahne zusammen mit Sahnesteif und Vanillinzucker steifschlagen. Die Beeren unterheben. Roulade entrollen, mit der Füllung bestreichen und wieder locker aufrollen. Mit Puderzucker bestäuben. Gut gekühlt servieren.
(auf dem Foto unten)

FEIN

Mohn-Mango-Strudel

- Für etwa 4 Stück
- Zubereitungszeit: ca. 3/4 Std.
- Arbeitszeit: ca. 10 Min.
- ca. 430 kcal je Stück

Für den Teig:
1 Btl. backfertiger Strudelteig (ca. 100 g)

Für die Füllung:
3 EL flüssige Butter
1 Mango, 250 g Mohnback
(gebrauchsfertige Mohnmischung)
3 EL Puderzucker

Außerdem:
Fett für das Blech

1. Den Backofen auf 200 °C vorheizen. Den Strudelteig auf einem feuchten Tuch ausbreiten. Mit der Hälfte der Butter bestreichen.

2. Die Mango schälen. Das Fruchtfleisch mit einem scharfen Messer vom Kern schneiden und in sehr kleine Würfel schneiden.

3. Das Mohnback in eine Schüssel geben und darin mit den Mangostückchen vermengen. Die Füllung auf die Teigplatte streichen. Dabei an den Längs- und Querseiten jeweils 2 cm frei lassen.

4. An den Längsseiten die belagfreien Teigstreifen nach innen schlagen. Dann den Strudel von einer schmalen Seite her mit Hilfe des Tuches aufrollen. Mit der Nahtstelle nach unten auf ein gefettetes Blech legen. Mit der restlichen Butter bestreichen und auf der unteren Einschubleiste etwa 35 Minuten backen. Dann mit Puderzucker bestäuben.

Eierlikörtorte

- Für etwa 12 Stück
- Zubereitungszeit: ca. 1 Std.
- Arbeitszeit: ca. 20 Min.
- ca. 340 kcal je Stück

80 g weiche Butter
100 g Zucker
5 Eigelb
5 EL Schokostreusel
2 EL Rum
200 g gemahlene Mandeln
1 TL Backpulver
5 Eiweiß
250 g Sahne
1 P. Sahnesteif
100 ml Eierlikör
Fett für die Form

1. Den Backofen auf 190 °C vorheizen. Die Butter schaumig rühren. Nach und nach Zucker, Eigelbe, 3 Eßlöffel Schokostreusel, Rum, Mandeln und Backpulver unter ständigem Rühren dazugeben. Eiweiße steifschlagen und unter den Teig heben.

2. Eine Springform (26 cm Ø) mit Backpapier auslegen. Den Rand fetten. Den Teig einfüllen, glattstreichen und auf der unteren Einschubleiste etwa $^1/_2$ Stunde backen. In der Form abkühlen lassen.

3. Die Sahne zusammen mit Sahnesteif steifschlagen und auf den Tortenboden streichen. Eierlikör darauf verteilen. Die restlichen Schokostreusel darüberstreuen. Torte kurz kühl stellen, dann den Tortenring entfernen und das Ganze servieren.

Zwetschgenmusschnitten

- Für etwa 15 Stück
- Zubereitungszeit: ca. 55 Min.
- Arbeitszeit: ca. 20 Min.
- ca. 260 kcal je Stück

Für den Teig:
200 g Magerquark, 1 Ei
8 EL Sonnenblumenöl
6 EL Milch, 100 g Zucker
1 TL abgeriebene Schale einer unbehandelten Zitrone
400 g Mehl, 1 P. Backpulver

Für die Füllung:
225 g Zwetschgenmus

Außerdem:
Fett für das Blech
100 g Puderzucker
2 EL Zitronensaft

1. Den Backofen auf 200 °C vorheizen. Den Quark in ein Küchentuch geben und gut ausdrücken. Mit Ei, Öl, Milch, Zucker und Zitronenschale verrühren. Mehl und Backpulver mischen. Zwei Drittel davon eßlöffelweise unter Rühren dazugeben. Restliches Mehl von Hand unterkneten.

2. Den Teig halbieren. Jede Hälfte zu einem Rechteck (ca. 30 x 40 cm) ausrollen. Die erste Teigplatte auf ein gefettetes Blech legen. Mit dem Zwetschgenmus bestreichen. Die zweite Teigplatte darauflegen und leicht andrücken. Das Ganze auf der mittleren Einschubleiste etwa 20 Minuten backen. Abkühlen lassen.

3. Den Puderzucker sieben und dann mit Zitronensaft glattrühren. Den Kuchen gleichmäßig damit bestreichen.
(auf dem Foto: oben)

Cidrekuchen

- Für etwa 14 Stück
- Zubereitungszeit: ca. 1/2 Std.
- Arbeitszeit: ca. 1/2 Std.
- ca. 190 kcal je Stück

545 ml Cidre (Apfelwein)
1 P. Vanillepuddingpulver
2 EL Zucker, 3 kleine Äpfel
1 TL Zitronensaft
1/2 dunkler Tortenboden (Fertigprodukt vom Bäcker)
1 cl Calvados (Apfelbranntwein)
300 g Sahne, 1/2 P. Sahnesteif

Außerdem:
6 EL Johannisbeermarmelade
1 P. klarer Tortenguß, 1 EL Zucker

1. Vom Cidre 4 Eßlöffel abnehmen und diese mit Puddingpulver und Zucker verrühren. Etwa 400 ml Cidre aufkochen, das angerührte Pulver einrühren und 1 Minute aufkochen lassen. Den Pudding abkühlen lassen.

2. Äpfel waschen, jeweils das Kerngehäuse ausstechen und das Fruchtfleisch in 1 cm dicke Scheiben schneiden. Zitronensaft und 1/8 Liter Wasser aufkochen, Äpfel hineingeben und 3 Minuten darin dünsten. Herausnehmen und gut abtropfen lassen.

3. Tortenboden in eine Springform (26 cm Ø) legen. Mit Calvados und 2 Eßlöffeln Cidre tränken. Sahne zusammen mit Sahnesteif steifschlagen und unter den Pudding ziehen. Die Creme auf den Kuchenboden streichen. Die Apfelringe darauf legen. In jeden Ring einen Klecks Marmelade geben.

4. Den Apfelsud mit restlichem Cidre auf etwa 250 ml auffüllen und zusammen mit Gußpulver und Zucker einen Tortenguß herstellen. Auf dem Kuchen verteilen.
(auf dem Foto: unten)

AROMATISCH

Amarettotorte

- Für etwa 14 Stück
- Zubereitungszeit: ca. 40 Min.
- Arbeitszeit: ca. 40 Min.
- ca. 460 kcal je Stück

1 heller Tortenboden
(Fertigprodukt vom Bäcker)
2 cl kalter Espresso
6 cl Amaretto (Mandellikör)
2 P. Vanillepuddingpulver ohne Kochen
(für je 500 ml Milch)
600 ml Milch
300 g weiche Butter
2 TL gesiebter Puderzucker
70 g gemahlene Mandeln
200 g Amarettokekse
1 EL Kakaopulver

1. Den Tortenboden zweimal durchschneiden. Espresso mit 2 cl Amaretto verrühren und die Böden mit der Mischung tränken.

2. Vanillepuddingpulver in die Milch geben und das Ganze 3 Minuten mit den Quirlhaken des Handrührgeräts auf höchster Stufe schlagen. Butter und Puderzucker schaumig rühren. Pudding und Mandeln löffelweise unterrühren. Restlichen Amaretto darunterziehen.

3. Die Kekse in einen Gefrierbeutel geben und mit einem schweren Gegenstand, zum Beispiel einem Fleischklopfer, zerkrümeln. Den untersten Boden mit einem Drittel der Creme bestreichen, ein Drittel der Kekse darauf streuen. Nächsten Boden auflegen, restliche Creme und ein Drittel der Kekse darauf verteilen. Deckel auflegen. Rand und Deckel dünn mit Creme bestreichen. Torte mit Kakao bestäuben und mit restlichen Kekskrümeln bestreuen.
(auf dem Foto oben)

Bienenstich

- Für etwa 10 Stück
- Zubereitungszeit: ca. 1 Std.
- Arbeitszeit: ca. 1/2 Std.
- ca. 450 kcal je Stück

Für den Teig:
150 g abgetropfter Magerquark
1 Eigelb, 6 EL Öl, 5 EL Milch
75 g Zucker, 1 Prise Salz
300 g Mehl, 1 P. Backpulver

Für den Belag:
3 EL Milch, 50 g Butter, 100 g Zucker
100 g gemahlene Mandeln

Für die Füllung:
300 ml Milch
1 P. Vanillepuddingpulver ohne Kochen
100 g Sahne, 1 P. Sahnesteif

Außerdem:
Fett für die Form

1. Den Backofen auf 200 °C vorheizen. Die Zutaten für den Teig gut verkneten, in eine gefettete Springform (26 cm Ø) geben und flachdrücken. Für den Belag Milch, Butter und Zucker aufkochen. Mandeln dazugeben und die Masse etwa 3 Minuten köcheln lassen. Dann auf dem Teig verteilen.

2. Das Ganze auf der unteren Einschubleiste etwa 25 Minuten backen. Danach aus der Form nehmen und in 2 Böden teilen, dabei den unteren Boden wesentlich dünner schneiden als den oberen. Die Böden abkühlen lassen.

3. Inzwischen Milch und Puddingpulver 3 Minuten lang aufschlagen. Die Sahne zusammen mit Sahnesteif steifschlagen und vorsichtig unter den Pudding ziehen. Auf dem dünnen Boden verteilen. Zweiten Boden auflegen.
(auf dem Foto unten)

CREMIG

SAHNIG

Himbeereistorte

- Für etwa 14 Stück
- Zubereitungszeit: ca. 3/4 Std.
- Arbeitszeit: ca. 25 Min.
- ca. 360 kcal je Stück

1 heller Tortenboden (Fertigprodukt vom Bäcker)
4 EL Himbeermarmelade
600 g TK-Himbeeren
400 g gut gekühlte Sahne
3 EL Puderzucker
200 g Schokoladenglasur
50 g weiße Kuvertüre

1. Den Tortenboden zweimal quer durchschneiden. Den unteren und den mittleren Boden mit der Marmelade bestreichen.

2. Die Himbeeren in einer hohen Schüssel mit der Sahne übergießen und das Ganze mit einem elektrischen Mixstab pürieren. Zum Schluß den Puderzucker untermengen. Den untersten Boden in eine Springform (26 cm Ø) legen. Sofort die Hälfte des Eises darauf verteilen. Den zweiten Boden auflegen und das restliche Eis darauf verstreichen. Deckel auflegen und die Torte sofort in den Gefrierschrank stellen.

3. Die Schokoladenglasur und die Kuvertüre jeweils im Wasserbad schmelzen. Tortenring entfernen und die Torte mit der Glasur überziehen. Die Kuvertüre in ein Pergamenttütchen geben, die Spitze abschneiden, die Kuvertüre schnell in Schlangenlinien auf die Glasur auftragen. Die Torte nochmals für 1/4 Stunde in den Gefrierschrank stellen.

Schokoladenschnitten

- Für etwa 24 Stück
- Zubereitungszeit: ca. 1 Std.
- Arbeitszeit: ca. 40 Min.
- ca. 180 kcal je Stück

Für den Teig:
4 Eiweiß, 160 g Zucker
4 Eigelb, 150 g Mehl
1 TL Backpulver
3 EL Kakaopulver

Außerdem:
80 g Butter
80 g Blockschokolade
100 g Zucker
3 EL Orangensaft
1 EL Cognac
1 frisches Ei
150 g Schokoladenglasur
3 EL Schokostreusel

1. Backofen auf 220 °C vorheizen. Eiweiße zusammen mit 4 Eßlöffeln Wasser steifschlagen, dabei den Zucker einrieseln lassen. Eigelbe verquirlen und unterziehen. Mehl mit Backpulver sowie Kakaopulver vermischen und unterheben. Den Teig auf ein mit Backpapier belegtes Blech streichen und etwa 12 Minuten auf der mittleren Einschubleiste backen.

2. Für die Füllung Butter und Schokolade schmelzen. Den Zucker unterrühren. Den Biskuit auf ein Kuchengitter stürzen und das Papier abziehen. Die Platte in zwei Teile schneiden und diese kurz abkühlen lassen. Je mit Orangensaft und Cognac tränken.

3. Das Ei unter die Füllung schlagen, diese auf einer Biskuitplatte verteilen. Die andere darauf legen. Glasur im Wasserbad schmelzen und den Kuchen damit überziehen. Mit Schokoladenstreuseln bestreuen.

Pflaumen-Amaretto-Strudel

- Für etwa 4 Stück
- Zubereitungszeit: ca. 55 Min.
- Arbeitszeit: ca. 20 Min.
- ca. 420 kcal je Stück

1 Btl. backfertiger Strudelteig (ca. 100 g)
3 EL flüssige Butter
400 g Zwetschgen, 3 EL Zucker
1 cl Amaretto (Mandellikör)
150 g Amarettokekse
Fett für das Blech
3 EL Puderzucker

1. Den Backofen auf 200 °C vorheizen. Strudelteig auf einem feuchten Tuch ausbreiten. Mit der Hälfte der Butter bestreichen.

2. Die Zwetschgen waschen, entsteinen und in etwa 1 cm große Stücke schneiden. In einer Schüssel mit Zucker und Likör vermischen. Die Kekse in einen Gefrierbeutel geben und mit einem Fleischklopfer zerkrümeln.

3. Die Kekskrümel auf den Teig geben, dabei rundherum einen 2 cm breiten Streifen frei lassen. Die Zwetschgen auf den Keksen verteilen. An den Längsseiten die belagfreien Teigstreifen nach innen schlagen. Dann den Strudel von einer schmalen Seite her mit Hilfe des Tuches aufrollen. Mit der Nahtstelle nach unten auf ein gefettetes Blech legen. Mit der restlichen Butter bestreichen und auf der unteren Einschubleiste etwa 35 Minuten backen. Danach sofort mit Puderzucker bestäuben.
(auf dem Foto oben)

Käse-Sahne-Torte

- Für etwa 14 Stück
- Zubereitungszeit: ca. 35 Min.
- Arbeitszeit: ca. 35 Min.
- ca. 340 kcal je Stück

1 heller Tortenboden
(Fertigprodukt vom Bäcker)
500 g Erdbeeren, 600 g Sahne
100 g Sahnefestiger
500 g Magerquark
1 $^{1}/_{2}$ EL Zucker, 1 P. Vanillinzucker
3 EL Puderzucker

1. Den Tortenboden zweimal quer durchschneiden. Erdbeeren waschen, 7 kleine Früchte zur Seite legen. Die restlichen Beeren putzen und vierteln.

2. Die Sahne zusammen mit 4 Eßlöffeln Sahnefestiger steifschlagen. 3 Eßlöffel davon zum Garnieren abnehmen. Quark, Zucker und Vanillinzucker verrühren. Die Sahne und den restlichen Festiger dazugeben und das Ganze leicht verrühren.

3. Einen Boden in eine Springform (25 cm Ø) legen. Die Hälfte der Quarkmasse einfüllen. Die Erdbeeren darüber verteilen. Den zweiten Boden auflegen, die restliche Quarkmasse darauf verteilen.

4. Den letzten Boden in 14 Stücke schneiden. Die Torte ebenfalls einteilen und je einen Sahnetupfer mit einem Spritzbeutel aufspritzen. Zurückgelegte Erdbeeren halbieren und seitlich an die Tupfer setzen. Die Biskuitsegmente schräg auflegen. Den Tortenring entfernen und die Torte mit Puderzucker bestäuben.
(auf dem Foto unten)

AROMATISCH

CREMIG

Apfel-Aprikosen-Torte

- Für etwa 16 Stück
- Zubereitungszeit: ca. 35 Min.
- Arbeitszeit: ca. 25 Min.
- ca. 330 kcal je Stück

1 heller Tortenboden (Fertigprodukt vom Bäcker)
2 cl Aprikosenlikör
500 g Sahne
2 P. Sahnesteif
1 Glas Apfel-Aprikosen-Mus (ca. 690 g)
200 g Mandelblättchen

1. Den Tortenboden zweimal quer durchschneiden. Den obersten Teil als Boden in eine Springform (26 cm Ø) legen. Mit der Hälfte des Aprikosenlikörs tränken.

2. Die Sahne zusammen mit Sahnesteif steifschlagen. Ein Drittel davon auf den Tortenboden streichen. Darauf die Hälfte vom Fruchtmus verteilen. Den zweiten Boden auflegen. Mit dem restlichen Aprikosenlikör tränken. Ein weiteres Drittel der Sahne darauf streichen. Das restliche Fruchtmus darüber verteilen. Den letzten Tortenboden daraufsetzen und die Torte kühl stellen.

3. Die Mandelblättchen in einer Pfanne ohne Fett rösten. Abkühlen lassen. Den Tortenring mit einem spitzen Messer lösen und abnehmen. Die Torte mit der restlichen Sahne bestreichen und rundherum mit den Mandelblättchen bestreuen. Die Torte bis zum Verzehr kühl stellen.

(auf dem Foto: oben)

Vollkornapfelrolle

- Für etwa 10 Stück
- Zubereitungszeit. ca. 40 Min.
- Arbeitszeit: ca. 25 Min
- ca. 360 kcal je Stück

4 Eiweiß, 160 g Zucker
4 Eigelb, 80 g Vollkornmehl
4 EL Mehl
4 EL gemahlene Haselnüsse
1 TL Backpulver
300 g Sahne
1 P. Sahnesteif
2 mittelgroße, rote Äpfel
1 TL Zitronensaft
Zucker für das Tuch
100 g Mandelstifte
3 EL Puderzucker

1. Den Backofen auf 220 °C vorheizen. Ein Blech mit Backpapier belegen. Eiweiße zusammen mit 4 Eßlöffeln Wasser steifschlagen, dabei den Zucker unter ständigem Rühren einrieseln lassen. Weiterschlagen bis die Masse glänzt. Eigelbe verquirlen und unterziehen. Vollkornmehl, Mehl, Nüsse und Backpulver vorsichtig unterheben. Den Teig auf dem Blech verstreichen und auf der mittleren Einschubleiste 10 bis 12 Minuten backen.

2. Die Sahne zusammen mit Sahnesteif steifschlagen. Die Äpfel waschen, halbieren, vom Kerngehäuse befreien und grob raspeln. Mit Zitronensaft beträufeln.

3. Den Biskuit auf ein mit Zucker bestreutes Küchentuch stürzen und das Papier abziehen. Die Roulade mit Hilfe des Tuches aufrollen. Abkühlen lassen. Die geraspelten Äpfel unter die Sahne mischen. Die Teigplatte entrollen und die Füllung gleichmäßig aufstreichen. Die Roulade wieder aufrollen und dann mit Puderzucker bestäuben.

(auf dem Foto: unten).

FRUCHTIG

NUSSIG

Vanillecremeschnitten

- Für etwa 8 Stück
- Zubereitungszeit: ca. 3/4 Std.
- Arbeitszeit: ca. 20 Min.
- ca. 360 kcal je Stück

300 g TK-Blätterteig
300 ml Milch
1 P. Vanillepuddingpulver ohne Kochen (für 500 ml Milch)
ausgekratztes Mark einer Vanilleschote
250 g Sahne
1 P. Sahnesteif
2 EL sehr weiche Butter
Mehl zum Ausrollen
3 EL Puderzucker

1. Den Backofen auf 200 °C vorheizen. Die Blätterteigscheiben 10 Minuten auftauen lassen. Inzwischen die Milch zusammen mit dem Puddingpulver etwa 3 Minuten kräftig aufschlagen, das Vanillemark unterrühren und den Pudding kühl stellen. Die Sahne zusammen mit Sahnesteif steifschlagen, ebenfalls kühl stellen.

2. Mit Ausnahme von 1 Scheibe den Blätterteig mit Butter bestreichen und aufeinanderlegen. Die ungebutterte Scheibe obenauf legen. Teig auf wenig Mehl zu einem Rechteck von etwa 30 x 40 cm ausrollen. Der Länge nach halbieren. Auf ein mit Backpapier belegtes Blech legen und auf der mittleren Einschubleiste 15 bis 20 Minuten backen.

3. Die Sahne unter den Pudding ziehen. Die Mischung auf einer Teigplatte verstreichen. Die andere Platte daraufsetzen und alles dick mit Puderzucker bestäuben.
(auf dem Foto oben)

Mousse-au-Chocolat-Torte

- Für etwa 14 Stück
- Zubereitungszeit: ca. 1 Std.
- Arbeitszeit: ca. 20 Min.
- ca. 270 kcal je Stück

250 ml kalte Milch
1 P. Cremepulver für Mousse au chocolat
250 g Sahne, 1 P. Sahnesteif
1 große Dose Birnenhälften (ca. 830 g Abtropfgewicht)
1 dunkler Tortenboden (Fertigprodukt vom Bäcker)
3 EL Puderzucker
1 EL Kakaopulver

1. Die Milch in eine hohe Rührschüssel geben. Cremepulver hinzufügen und das Ganze 3 Minuten lang kräftig aufschlagen. Die Sahne zusammen mit Sahnesteif steifschlagen.

2. Die Birnenhälften in knapp 1 cm große Würfel schneiden und auf einem Sieb gründlich abtropfen lassen. Den Saft auffangen. Den Tortenboden zweimal quer durchschneiden. Ersten Boden in eine Springform (26 cm Ø) legen und mit etwas Birnensaft tränken.

3. Die Schokocreme auf den ersten Boden geben, glattstreichen und die Birnen darauf verteilen. Den nächsten Boden auflegen, mit wenig Birnensaft tränken und die geschlagene Sahne darauf verteilen. Zum Schluß den letzten Boden auflegen.

4. Zuerst den Puderzucker, dann das Kakaopulver auf die Torte sieben. Das Ganze mindestens für 40 Minuten kühl stellen.
(auf dem Foto unten)

CREMIG

SCHOKOLADIG

KLEINGEBÄCK

Es muß nicht immer Kuchen sein. Für zwischendurch oder als feines Dessert empfehlen wir zum Beispiel Windbeutelchen, Blätterteigwindrädchen oder Mandelamerikaner.

Erdbeer-Mango-Windbeutel

- Für etwa 12 Stück
- Zubereitungszeit: ca. 1 Std.
- Arbeitszeit: ca. 1/2 Std.
- ca. 190 kcal je Stück

Für Teig und Füllung:
1 Prise Salz
50 g Butter
150 g Mehl
1 Msp. Backpulver
4 Eier, 1 kleine Mango
200 g Erdbeeren
1 TL Zucker
1 cl Orangenlikör
200 g Sahne

Außerdem:
Butter und Mehl für das Blech
Puderzucker zum Bestäuben

1. Backofen auf 200 °C vorheizen. 250 ml Wasser, Salz und Butter in einem Topf aufkochen lassen. Vom Herd nehmen. Mehl mit Backpulver vermischen, auf einmal dazugeben. Den Topf wieder auf die Herdplatte stellen und den Teig bei geringer Hitze rühren, bis er sich zu einem Kloß formt und am Topfboden ein weißer Belag entsteht.

2. Die Masse in eine Schüssel geben. Ein Ei zugeben und rühren, bis der Teig wieder eine homogene Masse ergibt. Die restlichen Eier auf die gleiche Weise einarbeiten.

3. Ein Blech fetten und mit Mehl bestäuben. Mit Hilfe von 2 Eßlöffeln vom Teig 12 Häufchen abnehmen und diese auf das Blech setzen. Auf der mittleren Einschubleiste $^{1}/_{2}$ Stunde backen (den Ofen frühestens nach 20 Minuten öffnen, sonst fallen die Windbeutel garantiert zusammen).

4. Die Mango schälen, das Fruchtfleisch vom Kern schneiden und würfeln. Die Erdbeeren waschen, putzen und je nach Größe vierteln oder achteln. Die Früchte mit Zucker und Orangenlikör vermengen. Die Sahne steifschlagen.

5. Von den Windbeuteln sofort das obere Drittel mit einer Küchenschere abschneiden. Kurz abkühlen lassen. Zuerst mit Sahne, dann mit Früchten füllen. Die Deckel wieder aufsetzen. Alles mit Puderzucker bestäuben.

Tip:
Gefüllter Brandteig sollte nach Möglichkeit frisch verzehrt werden, sonst weicht er auf.

SAHNIG

Nougatcroissants

- Für etwa 6 Stück
- Zubereitungszeit: ca. 35 Min.
- Arbeitszeit: ca. 10 Min.
- ca. 280 kcal je Stück

250 g Croissantteig
(Fertigprodukt aus dem Kühlregal)
60 g Nußnougatcreme
50 g Vollmilchschokoladenglasur

1. Den Backofen auf 200 °C vorheizen. Den Teig aus der Packung nehmen. In die vorgeformten Stücke trennen.

2. Mit einem Teelöffel jeweils ein Sechstel der Nougatcreme auf das breite Ende der Teigstücke setzen. Von diesem Ende her den Teig jeweils locker aufrollen.

3. Die Croissants auf ein mit Backpapier belegtes Blech setzen. Auf der mittleren Einschubleiste etwa 1/4 Stunde backen. Danach 10 Minuten abkühlen lassen.

4. Die Glasur im heißen Wasserbad auflösen. Jeweils die Enden der Croissants hineintauchen. Auf Pergamentpapier trocknen lassen.
(auf dem Foto oben)

Variation:

Anstelle mit Nußnougatcreme können Sie die Croissants auch mit den unterschiedlichsten Marmeladensorten füllen.

Quarktaschen

- Für etwa 10 Stück
- Zubereitungszeit: ca. 40 Min.
- Arbeitszeit: ca. 20 Min.
- ca. 170 kcal je Stück

300 g TK-Blätterteig (5 Scheiben)
150 g Magerquark
2 Eigelb
3 EL Zucker
1 P. Vanillinzucker
1 Msp. abgeriebene Schale
einer unbehandelten Zitronenschale
2 EL gewaschene Sultaninen
1 Eiweiß
1 TL Dosenmilch

1. Den Backofen auf 220° C vorheizen. Die Blätterteigscheiben auftauen lassen.

2. Inzwischen für die Füllung Quark mit 1 Eigelb, Zucker, Vanillinzucker und Zitronenschale verrühren. Die Sultaninen unterheben.

3. Die Teigscheiben quer halbieren. Die entstandenen Quadrate ein wenig ausrollen. Den Rand jedes Teigstücks mit etwas Eiweiß bestreichen, in die Mitte etwas von der Quarkmasse geben. Die Teigstücke so zusammenlegen, daß ein Rechteck entsteht. Die Ränder andrücken, mit einer Gabel rundherum eindrücken. Die Kanten gerade schneiden.

4. Die Taschen auf ein kalt abgespültes Backblech setzen. Restliches Eigelb mit Dosenmilch verrühren und die Teigstücke damit bestreichen. Auf der mittleren Einschubleiste etwa 20 Minuten backen.
(auf dem Foto unten)

NUSSIG

CREMIG

Marzipan-Mandel-Hörnchen

- Für etwa 8 Stück
- Zubereitungszeit: ca. 3/4 Std.
- Arbeitszeit: ca. 25 Min.
- ca. 400 kcal je Stück

Für den Teig:
160 g Magerquark
1 Eigelb
5 EL Milch
6 EL Öl
75 g Zucker
1 P. Vanillinzucker
1 Prise Salz
300 g Mehl
1 P. Backpulver

Für die Füllung:
50 g kleingehackte Marzipanrohmasse
1 Eiweiß
3 EL Sahne
70 g gemahlene Mandeln
1 TL Zimtpulver

Außerdem:
Fett für das Blech
1 EL Dosenmilch zum Bestreichen

1. Den Backofen auf 190 °C vorheizen. Den Teig wie in Rezept S. 19 zubereiten. Die Zutaten für die Füllung gründlich verrühren.

2. Den Teig etwa 3 mm dick zu einem Rechteck ausrollen. Der Länge nach halbieren und jeden Streifen in 4 Dreiecke schneiden.

3. Jeweils an die breiteste Seite etwas von der Füllung setzen und die Dreiecke zur gegenüberliegenden Spitze aufrollen. Teigspitze unterschlagen. Auf ein gefettetes Blech legen und die Teigenden dabei etwas nach innen biegen. Die Hörnchen jeweils mit Dosenmilch bestreichen. Auf der mittleren Einschubleiste in etwa 20 Minuten goldbraun backen.

Orangenwaffeln mit Schokoladensahne

- Für etwa 10 Stück
- Zubereitungszeit: ca. 40 Min.
- Arbeitszeit: ca. 40 Min.
- ca. 410 kcal je Stück

150 g weiche Butter
125 g Zucker
3 Eier
1 Prise Salz
1 TL abgeriebene Schale einer unbehandelten Orange
200 g Mehl
50 g Speisestärke
4 EL Orangenlikör
250 ml Orangensaft
200 g Sahne
1 P. Vanillinzucker
2 TL Kakaopulver
1 TL Puderzucker

Außerdem:
Butter für das Waffeleisen
Puderzucker zum Bestäuben

1. Ein Waffeleisen vorheizen. Die Butter schaumig rühren. Dann nach und nach unter ständigem Rühren Zucker, Eier, Salz, Orangenschale, Mehl, Speisestärke, Likör und Orangensaft dazugeben.

2. Jeweils 2 bis 3 Eßlöffel Teig (je nach Größe des Gerätes) ins gefettete Waffeleisen geben. In etwa 3 Minuten goldbraun backen. Die fertigen Waffeln auf einem Kuchengitter auskühlen lassen.

3. Die Sahne steifschlagen, zum Schluß den Vanillinzucker unterrühren. Kakaopulver sowie Puderzucker dazusieben und unterziehen.

4. Die Waffeln mit Puderzucker bestäuben und zusammen mit der Schokoladensahne servieren.

Schweineöhrchen

- Für etwa 20 Stück
- Zubereitungszeit: ca. $^3/_4$ Std.
- Arbeitszeit: ca. 20 Min.
- ca. 90 kcal je Stück

Für den Teig:
300 g TK-Blätterteig
3 EL Butter, 4 EL Zucker

Außerdem:
Mehl zum Ausrollen

1. Den Backofen auf 200 °C vorheizen. Die Blätterteigplatten nebeneinander legen und auftauen lassen.

2. Die Butter erwärmen. Alle Teigscheiben bis auf eine mit der Hälfte der Butter bestreichen und aufeinanderlegen. Die ungebutterte Scheibe zuletzt darauf setzen. Den Teig auf einer bemehlten Arbeitsfläche messerrückendick zu einem Rechteck ausrollen. Mit der restlichen Butter bestreichen und mit 2 Eßlöffeln Zucker bestreuen.

3. Die beiden schmalen Seiten des Rechtecks zur Mitte hin aufrollen. Die Doppelrolle in etwa $1\,^1/_2$ cm breite Streifen schneiden und diese jeweils leicht zusammenbiegen. Die Schweineöhrchen mit ausreichendem Abstand zueinander auf ein mit Backpapier belegtes Blech legen.

4. Auf der mittleren Einschubleiste im Ofen etwa 25 Minuten backen. Nach der Hälfte der Backzeit wenden.

5. Nach dem Backen sofort im restlichen Zucker wenden.
(auf dem Foto: oben)

Mangospalten auf Blätterteig

- Für etwa 4 Stück
- Zubereitungszeit: ca. 1 Std.
- Arbeitszeit: ca. 25 Min.
- ca. 520 kcal je Stück

Für Teig und Belag:
300 g TK-Blätterteig
2 Mangos
1 EL Kokosraspel
3 EL flüssige Butter

Außerdem:
Mehl zum Ausrollen
Fett für das Blech
2 EL Zucker
3 EL Butter in Flöckchen

1. Den Backofen auf 200 °C vorheizen. Die Blätterteigplatten nebeneinander legen und etwa 10 Minuten antauen lassen. Inzwischen die Mangos schälen. Das Fruchtfleisch über einer Schüssel mit einem scharfen Messer vom Kern und dann in dünne Spalten schneiden. Dabei den Saft auffangen und diesen mit den Kokosraspeln verrühren.

2. Die Teigplatten mit der flüssigen Butter bestreichen und die Platten aufeinanderlegen. Den Teig auf bemehlter Arbeitsfläche etwa 2 mm dick ausrollen. 4 Kreise mit 12 cm Ø ausstechen. Die Kokosmischung in die Mitte der Kreise setzen. Die Mangospalten schuppenartig auf den Teigkreisen anordnen.

3. Das Ganze auf ein gefettetes Blech setzen und im Ofen auf der mittleren Einschubleiste etwa 10 Minuten backen. Aus dem Ofen nehmen, den Zucker auf den Mangospalten verteilen und die Butterflöckchen darübergeben. Nochmals etwa 25 Minuten backen.
(auf dem Foto: unten)

EXOTISCH

Erdbeertörtchen

- Für etwa 10 Stück
- Zubereitungszeit: ca. 1 Std.
- Arbeitszeit: ca. 25 Min.
- ca. 230 kcal je Stück

Für die Creme:
3 Blatt weiße Gelatine
3 EL Zitronensaft
abgeriebene Schale von
1 unbehandelten Zitrone
2 frische Eigelbe
50 g Zucker
150 g Sahne
10 fertige Mürbeteigtorteletts
(Fertigprodukt vom Bäcker)

Außerdem:
400 g Erdbeeren

1. Die Gelatine in kaltem Wasser einweichen. Zitronensaft und -schale, Eigelbe und Zucker im heißen Wasserbad mit den Quirlhaken eines Handrührgeräts cremig aufschlagen. Die Eigelbe dürfen dabei nicht gerinnen. Die Gelatine ausdrücken und in der Creme auflösen.

2. Die Masse nun in einem kalten Wasserbad kalt rühren, bis sie halbfest wird. Die Sahne steifschlagen und mit einem Schneebesen unter die Creme heben. Die Creme in die Torteletts füllen und das Ganze für 20 Minuten kühl stellen.

3. Inzwischen die Erdbeeren waschen, putzen und gut abtropfen lassen. Je nach Größe halbieren oder vierteln. Auf den Törtchen verteilen. Bis zum Verzehr kühl stellen.
(auf dem Foto oben)

Biskuitomelettes

- Für etwa 8 Stück
- Zubereitungszeit: ca. 50 Min.
- Arbeitszeit: ca. 35 Min.
- ca. 315 kcal je Stück

3 Eiweiß
100 g Zucker
3 Eigelb
70 g Mehl
1 Msp. Backpulver
3 EL gemahlene Mandeln
250 g Magerquark
1 P. Vanillinzucker
ausgekratztes Mark einer Vanilleschote
200 g Sahne
1 P. Sahnesteif
400 g Erdbeeren
Puderzucker zum Bestäuben

1. Den Backofen auf 220 °C vorheizen. 2 Bleche mit Backpapier belegen und je vier Kreise mit 12 cm Ø darauf zeichnen. Die Eiweiße steifschlagen, dabei den Zucker einrieseln lassen. Weiterschlagen, bis die Masse glänzt. Eigelbe, Mehl, Backpulver und Mandeln mit einem Schneebesen unterziehen.

2. Den Teig mit einem Eßlöffel auf die Kreise verteilen und kreisförmig glattstreichen. Auf der mittleren Einschubleiste nacheinander 8 bis 10 Minuten backen. Dann stürzen und das Papier abziehen. Die Biskuitteile noch heiß in der Mitte zusammenschlagen. Abkühlen lassen.

3. Quark, Vanillinzucker und Vanillemark gut verrühren. Die Sahne zusammen mit Sahnesteif steifschlagen und unter den Quark heben. Erdbeeren waschen, putzen, vierteln und untermengen. Biskuitomeletten mit Fruchtquark füllen und mit Puderzucker bestäuben.
(auf dem Foto unten)

FRUCHTIG

FEIN

Mandelamerikaner

- Für etwa 10 Stück
- Zubereitungszeit: ca. 50 Min.
- Arbeitszeit: ca. 20 Min.
- ca. 350 kcal je Stück

Für den Teig:
100 g weiche Butter
100 g Zucker
1 P. Vanillinzucker
2 Eier, 1 Prise Salz
1 P. Puddingpulver mit Mandelgeschmack
3 EL Milch, 250 g Mehl
3 TL Backpulver

Für die Glasur:
1 P. Schokoladenglasur
50 g gehackte Mandeln

Außerdem:
Fett für das Blech
3 EL Milch

1. Den Backofen auf 200 °C vorheizen. Butter, Zucker und Vanillinzucker schaumig rühren. Die Eier verquirlen und dazugeben. Nach und nach Salz, Puddingpulver, Milch, Mehl und Backpulver unterrühren. Der Teig sollte relativ fest sein. Eventuell noch 1 bis 2 Eßlöffel Mehl unterrühren.

2. Mit Hilfe von 2 Eßlöffeln 10 gleich große Teighäufchen auf ein gefettetes Blech setzen. Im Ofen auf der mittleren Einschubleiste in etwa 1/4 Stunde hellgelb backen. Nach 8 Minuten mit etwas Milch bestreichen. Herausnehmen und 1/4 Stunde abkühlen lassen.

3. Die Schokoladenglasur im Wasserbad auflösen. Die flache Seite der Amerikaner damit bestreichen und die gehackten Mandeln jeweils darauf streuen.
(auf dem Foto: oben)

Windmühlen aus Blätterteig

- Für etwa 10 Stück
- Zubereitungszeit: ca. 40 Min.
- Arbeitszeit: ca. 10 Min.
- ca. 250 kcal je Stück

Für den Teig:
1 P. TK-Blätterteig (ca. 450 g)
150 g Aprikosenmarmelade
1 Eigelb, 1 TL Milch
3 EL Puderzucker

Außerdem:
Mehl zum Ausrollen
10 Zahnstocher
Puderzucker zum Bestäuben

1. Den Backofen auf 200 °C vorheizen. Die Blätterteigscheiben nebeneinanderlegen und antauen lassen.

2. Die Teigscheiben auf wenig Mehl so ausrollen, daß man aus jeder Scheibe 2 Quadrate schneiden kann.

3. In die Mitte der Quadrate jeweils 1 Teelöffel Marmelade setzen. Die Quadrate von den Ecken aus jeweils nicht ganz bis zur Mitte einschneiden. Im Uhrzeigersinn von jeder Ecke den rechten Zipfel zur Mitte hin einschlagen. Mit einem Zahnstocher feststecken.

4. Die Windrädchen auf ein mit Backpapier belegtes Blech legen. Das Eigelb mit der Milch verrühren und die Windrädchen damit bestreichen. Auf der mittleren Einschubleiste in 15 bis 20 Minuten goldbraun backen. Anschließend mit Puderzucker bestäuben.
(auf dem Foto: unten)

KNUSPRIG

Apfelkrapfen

- Für etwa 20 Stück
- Zubereitungszeit: ca. 3/4 Std.
- Arbeitszeit: ca. 25 Min.
- ca. 120 kcal je Stück

250 g Mehl
1 Ei, 3 EL Zucker
1 Prise Salz
20 g zerbröckelte Hefe
100 ml Milch
3 EL Butter
1 großer, säuerlicher Apfel
Butterschmalz zum Ausbacken
1 TL Zimtpulver und
5 EL Zucker zum Wälzen

1. Backofen auf 50 °C vorheizen. Mehl, Ei, Zucker, Salz und Hefe in eine Rührschüssel geben. Milch und Butter erhitzen. Die Zutaten in der Schüssel mit einem Handrührgerät verkneten. Nach und nach die Butter-Milch-Mischung dazugeben. Das Ganze zu einem glatten Teig verkneten. Im geöffneten Ofen 25 Minuten zugedeckt gehen lassen.

2. Inzwischen den Apfel schälen, halbieren und vom Kerngehäuse befreien. Das Fruchtfleisch grob raspeln.

3. Reichlich Butterschmalz in einem großen Topf auf etwa 180 °C erhitzen. Die Apfelstückchen unter den Teig mengen. Mit Hilfe von 2 Eßlöffeln kleine Portionen vom Teig abstechen und diese im heißen Butterschmalz goldbraun ausbacken. Auf Küchenkrepp abtropfen lassen und noch heiß in der Zimt-Zucker-Mischung wenden.

Rezeptverzeichnis

Dieses Buch gehört zu einer Kochbuchreihe, die die beliebtesten Themen aus dem Bereich Essen und Trinken aufgreift. Fragen Sie Ihren Buchhändler.

Die Deutsche Bibliothek – CIP-Einheitsaufnahme

Kuchen schnell gemacht / Heike Reith/Wolfgang Hubert – Niedernhausen/Ts. : FALKEN, 1996
(Einfach gut)
ISBN 3-8068-1730-8

ISBN 3 8068 1730 8

Umschlaggestaltung: Peter Udo Pinzer
Gestaltungskonzeption: Christa Johanna Gramm
Redaktion: Barbara Fleig
Titelbild: TLC Foto-Studio GmbH, Velen-Ramsdorf (Rezept „Exotische Früchtetorte", S. 6 und „Bienenstich", S. 40)
Fotos: Ulrich Kopp, Füssen
Produktion: Dr. Reitter & Partner GmbH, Vaterstetten
Satz: Dr. Reitter & Partner GmbH, Vaterstetten
Druck: INTERDRUCK Graphischer Großbetrieb GmbH, Leipzig

817 2635 4453 6271